Zauberstift 2

Schreib-Spiele Nr. 2
für Kinder ab 8 Jahre

Die Reisegeschichten
schrieb Eva Maria Kohl.

Die Reisebilder zeichnete
Erdmut Oelschlaeger.

Es gibt ein Land,

hinter den sieben mal sieben Bergen,
tief unter dem tiefsten Meeresgrund.
Seine Küsten sind vom Traumsand umspült,
seine Wege mit Zauberstein gepflastert.

Im Gras schläft das Märchen.
Hinterm Busch kauert das Rätsel.
Der Vers sitzt auf der Schaukel.
Mit der Wolke steigt das Lied empor.

Komm mit auf die Reise und pack ein:

Papier und Stifte,
Pinsel und Farben,
Schere und Klebstoff,
die bunten Wörter aus deinem Kopf,
die blauen Träume hinter deiner Stirn
und einen Teetopf voll Zeit.

Zuerst wollen wir ein LAND erfinden.

Nimm ein Blatt Zeitungspapier. Reiße und schneide die Umrisse: Küsten, Buchten und Landzungen.

Hier kannst du dein Land einkleben.
Gib ihm einen schönen, sonderbaren Namen.

Suche dir ein kleines und ein großes Wort und setze sie zusammen.
Schon entstehen phantastische Namen!

Zimt Lorbeer Nelken Pfeffer Paprika Vanille Dill Safran Kümmel Sellerie Zitrone Senf Wacholder Zwiebel Schnittlauch Salbei Rosmarin Pfefferminze Petersilie Melisse Basilikum Oregano Erdbeere Himbeere Apfel Birne Kirsche Pflaume Apfelsine Zitrone Banane Mandarine Ananas Walnuß Kokosnuß Mandel Sauerkraut Paprika Erbse Bohne Gurke Radieschen Kürbis Spargel Pilz Spinat Tomate Nudel Spaghetti Mehl Reis Grieß Zucker Eier Leberwurst Salami Käse Quark Joghurt Brot Semmel Knäckebrot Zwieback Keks Torte Kuchen Pizza Pommes Kartoffel Milch Saft Pudding Müsli Suppe

Tal Schlucht Gebirge Berg Hochland Ebene Bucht Küste See Bach Fluß Stadt Dorf Tunnel Straße Wald Wiese

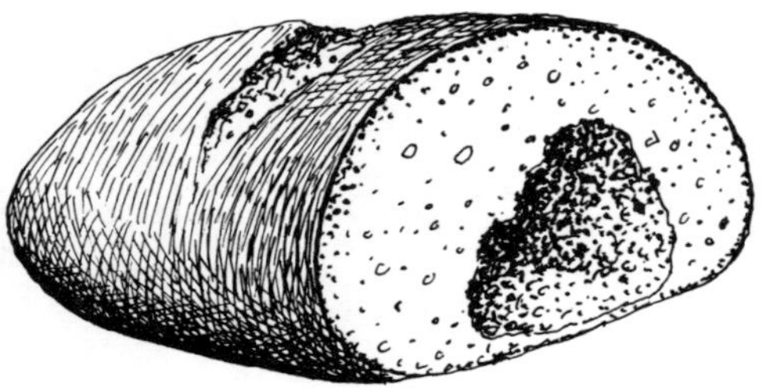

Schnittlauchgebirge Käsefluß Quarksee Pfefferstadt

Male deine Landkarte mit den Dörfern, Seen und Wäldern.
Schreibe die neuen Namen hinein, zum Beispiel „Quarksee“.

Schon wächst das erste Märchen aus der Korianderwiese.
Dort liegt die Prinzessin Salbei und hält Mittagsschlaf.
Sie hat mit ihrer Schwester, der Prinzessin Rosmarin,
im Himbeerfluß gebadet.
Über ihnen fliegt der Zimtvogel.
Er ist eigentlich ein verzauberter Prinz.

Jetzt wohnt er im ______________________________

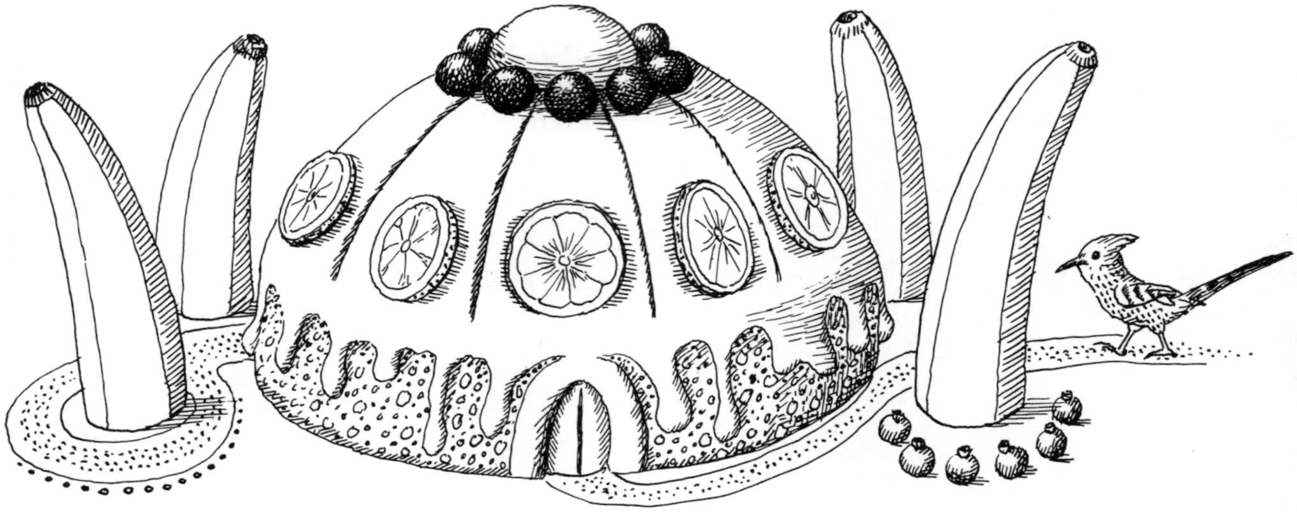

Schreibe weiter.
Oder fang selbst ein Märchen an.

____

____

____

____

____

____

____

____

____

Reisende

Nun laß uns weiterziehen. Aber nicht allein.
Wir wollen in Gesellschaft reisen. Wer reist mit?
Was haben die Reisenden für Gepäck? Wo wollen sie hin?

Reisende	Gepäck	Ziel der Reise
	Jogginganzug Fußball Turnschuhe	Turnierspiel Löwen gegen Affen
	Brille Bibliotheksausweis Kissen	Leseland
	Schwimmring Luftmatratze Sonnenöl	Ostsee
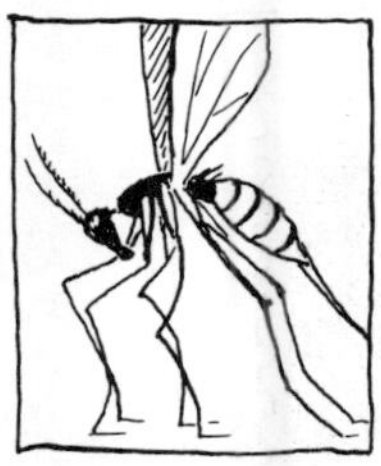		

Jeder der Reisenden schreibt unterwegs etwas auf.
Der Löwe schreibt zwei Postkarten nach Hause.
Der Bücherwurm beginnt seinen eigenen Roman zu schreiben.
Die Kuh schreibt einen Liebesbrief.
Die Mücke schreibt ihr erstes Gedicht.

Das Gedicht schreibt die Mücke in ihr kleines Gedichtbuch und bittet dich, ihr ein Bild dazu zu malen.

Der Roman des Bücherwurms
(oder der Liebesbrief der Kuh):

Was schreiben und malen deine Tiere in ihr Reisetagebuch?

1. Tag

2. Tag

3. Tag

Reisende benutzen manchmal recht seltsame Reisefahrzeuge.

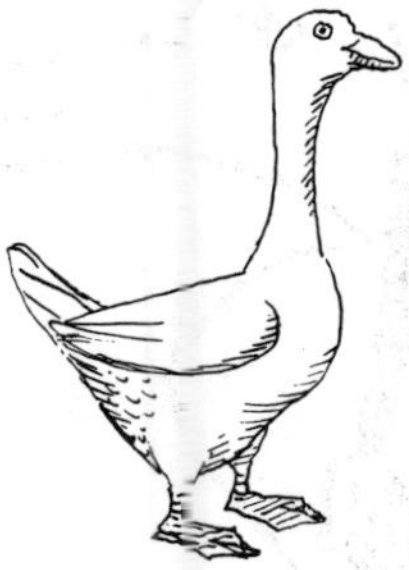

Der kleine Nils Holgersen reiste
auf dem Rücken einer ____________

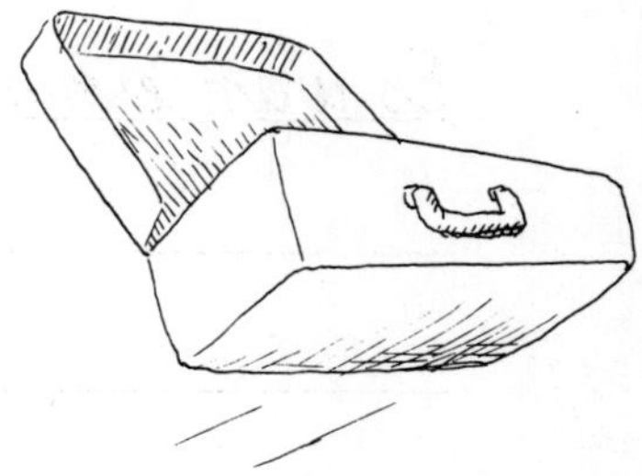

Im Märchen von Hans Christian Andersen
saß ein Kaufmann im fliegenden ______________

Der kleine Muck benutzte
______________ für seine Reise.

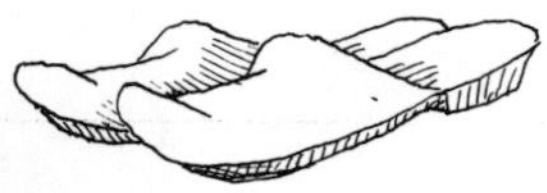

Erfinde selbst Reisefahrzeuge.

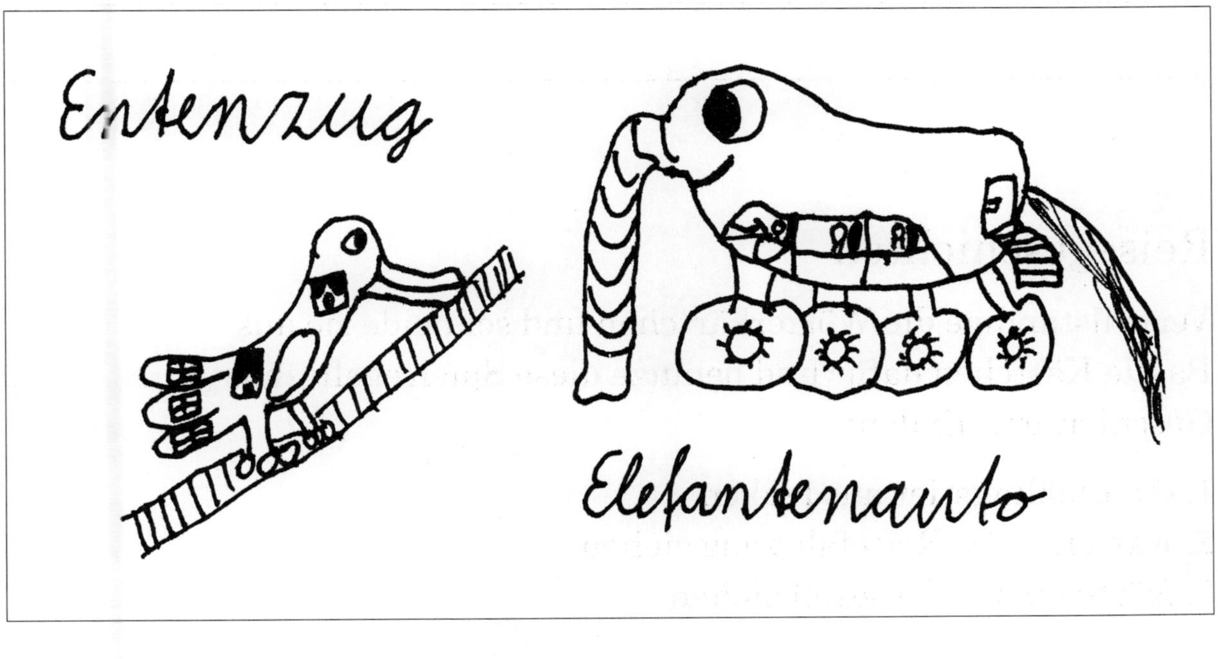

Die Geschichte vom Rudergeier

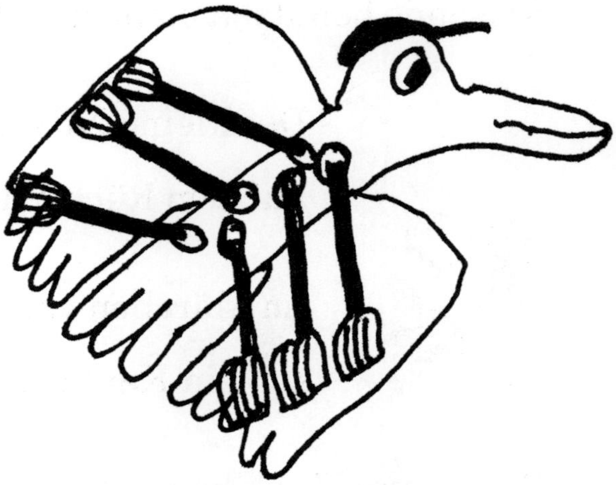

Es war einmal

Reisegeschichten

Vervollständige die Wörterkärtchen und schneide sie aus. Bastle Kästchen dafür und benutze diese Spielregeln zum Geschichtenerfinden:

1. ein Lieblingstier ausdenken
2. Kärtchen für Reisefahrzeug ziehen
3. Kärtchen für Reiseziel ziehen

Auto	Motorrad	Schiff	Flugzeug
Schubkarre	Adler	Drache	
	Schlitten		Moped
Staubsauger	Postkutsche	Rolltreppe	Fahrstuhl
Rasenmäher		Taube	Pferd
Nußschale	Luftballon	Boot	Roller
	Fahrrad		Traktor
			Fallschirm

Reisefahrzeug

Wald	See	Insel	Hosentasche
	Schloß		Baum
Dachboden	Nachtberg	Wolke	Truhe
Schulranzen	Strand	Badewanne	Wiese
Suppentopf	Keller		
Fensterbrett	Nest		Nadelkissen
Kühlschrank		Löwenmagen	
Felsenhöhle			

Ziel der Reise

Puzzle

Reisefahrzeuge lassen sich auch gut selbst bauen.

Was du dafür brauchst und was daraus werden kann:

Reisehund
(Klopapierrolle)

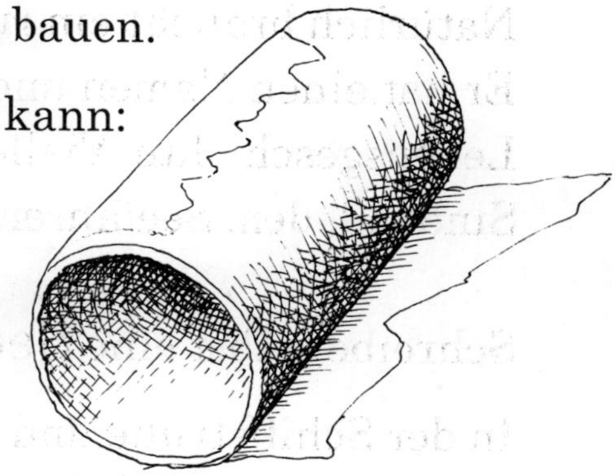

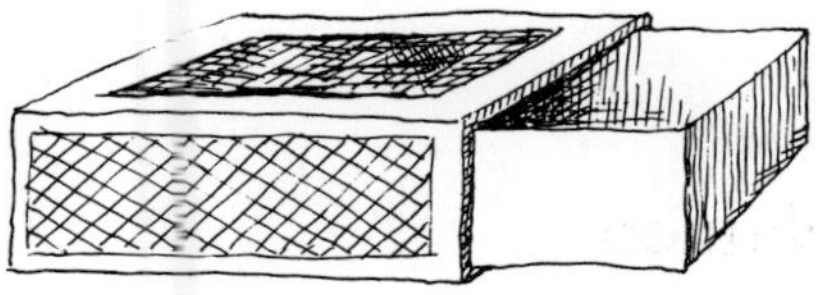

Segelschiff
(Streichholzschachtel)

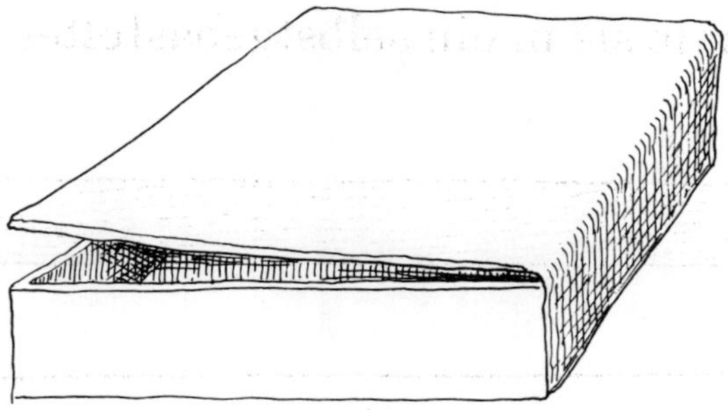

Auto,
Eisenbahn,
Reisebus
(Pappschachtel)

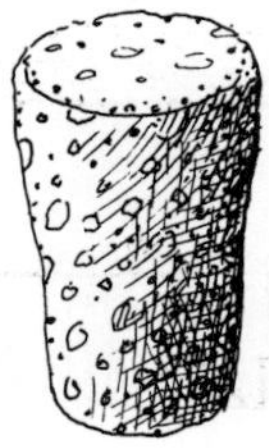

Floß
(Kork)

Wunderflugkiste
(Baumrinde, Äste,
Blätter)

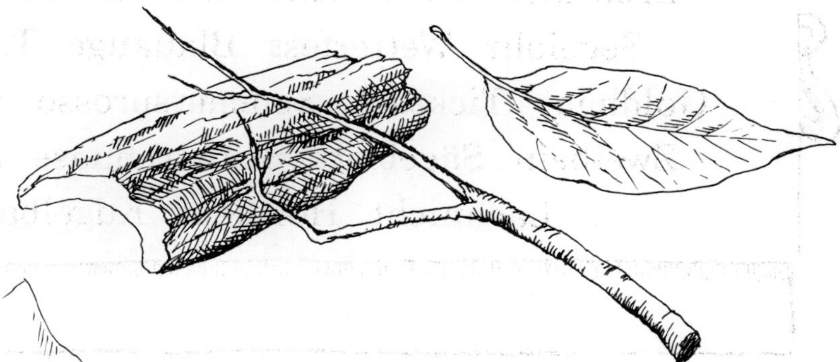

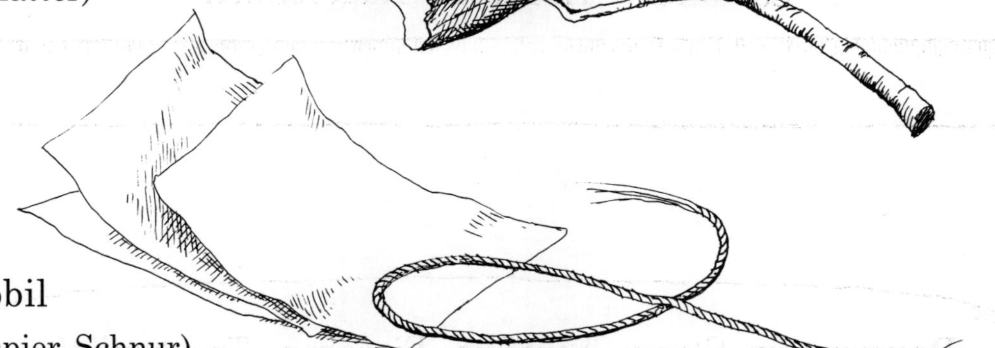

Reisemobil
(Seidenpapier, Schnur)

Drachen
(Holzstäbchen)

Deine Reisefahrzeuge brauchen noch eine Garage.
Wenn es Schiffe sind, einen Hafen.

Und wo schlafen die Drachen?

Natürlich braucht ein richtiges Fahrzeug einen Kapitän.
Er hat einen Namen und wahrscheinlich eine abenteuerliche Lebensgeschichte. Vielleicht kennst du die Geschichte von Sindbad, dem Seefahrer, oder die von Marco Polo?

Schreibe selbst eine **Seefahrergeschichte**.

In der Schiffstruhe und im Seesack findest du Namen und was in der Geschichte passieren könnte.
Schreibe und male sie in ein selbstgebasteltes Schiffstagebuch.

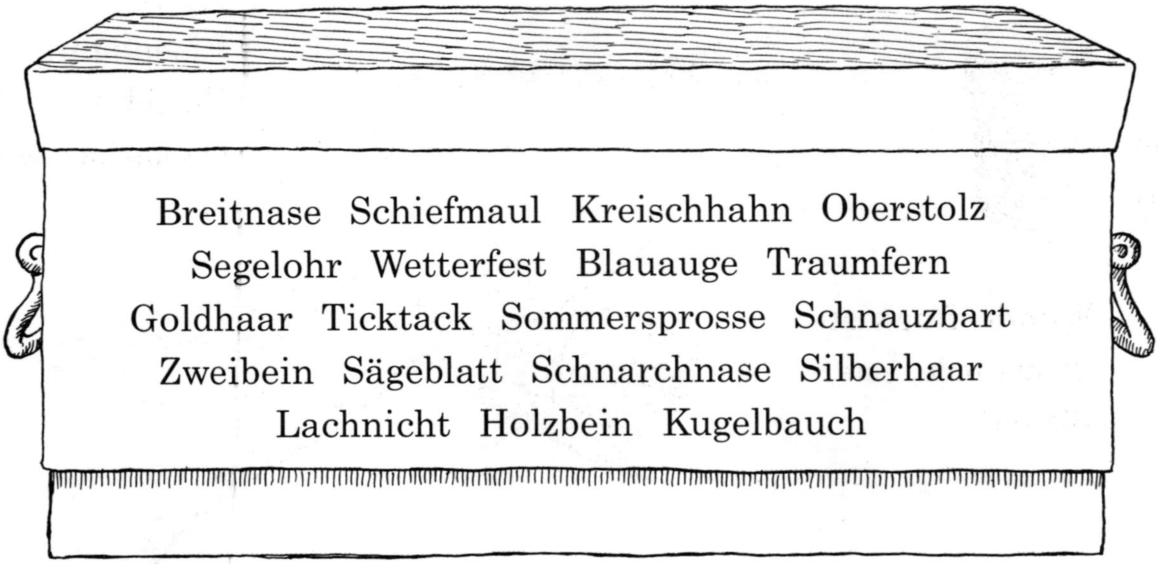

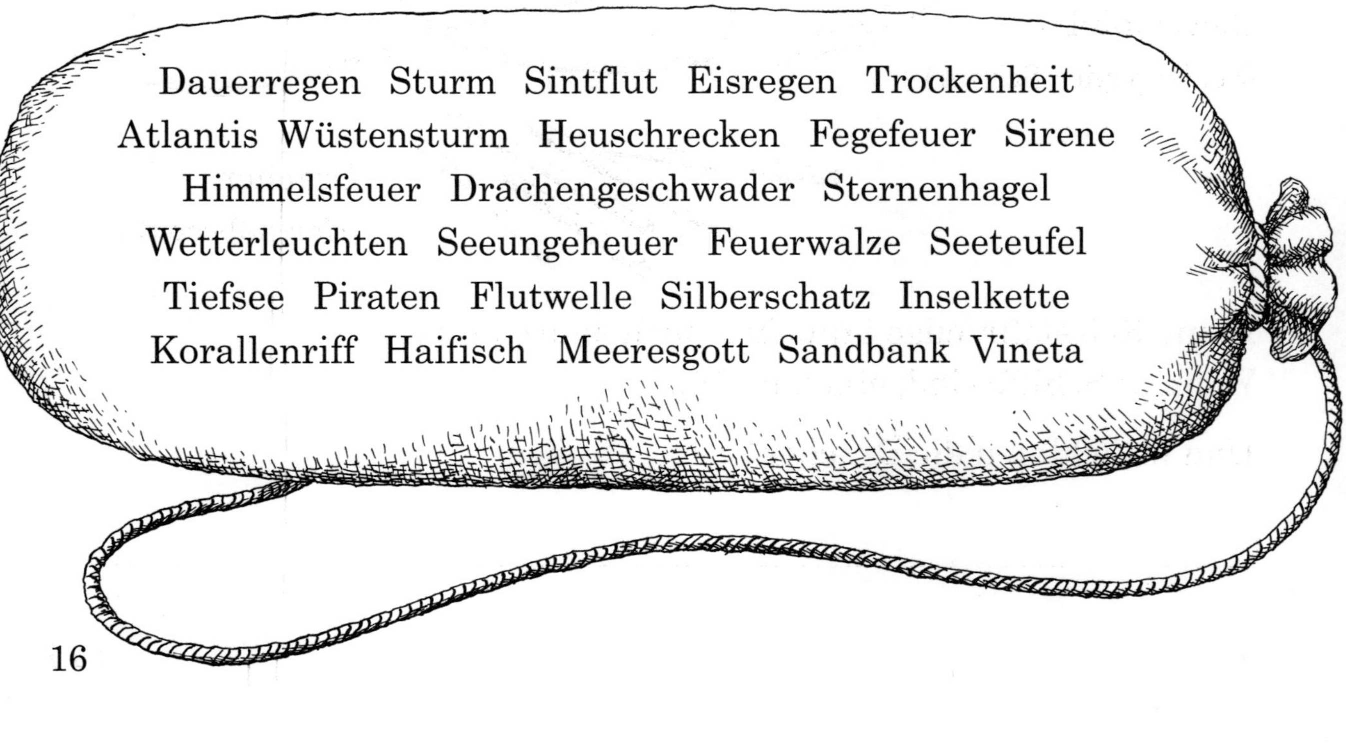

Eines Morgens, gerade als die Sonne aufging,
bemerkte der Schiffsjunge etwas auf der Wasserfläche .
War es eine Flaschenpost?
Oder eine Nußschale mit schiffbrüchigen Flöhen?

Was stand in der Flaschenpost?

Wie sieht das Boot mit den Schiffbrüchigen aus?

Deine Reisegesellschaft ist auf einer einsamen Insel gelandet.
Die Insel heißt „Vineta“.
Hier gibt es eine sonderbare Schrift mit anderen Buchstaben und anderen Wörtern.

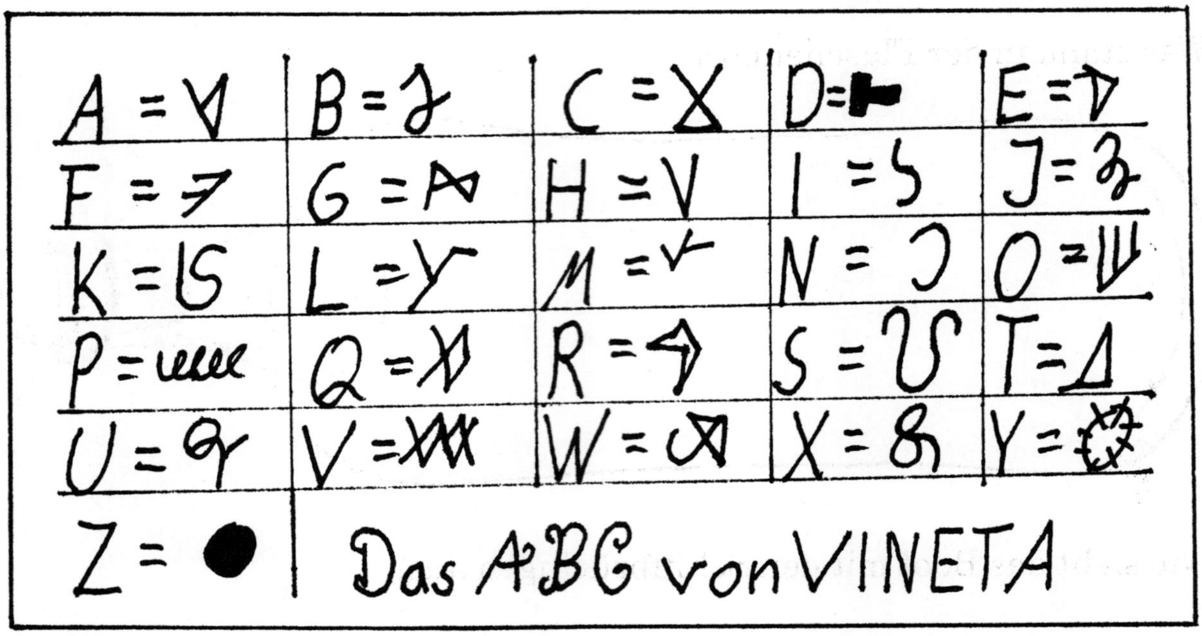

Erfinde auch eine fremde Schrift.

Die Bewohner der Insel sind sehr sonderbare Tiere.
In ihren **Reisepässen** sind diese Paßfotos:

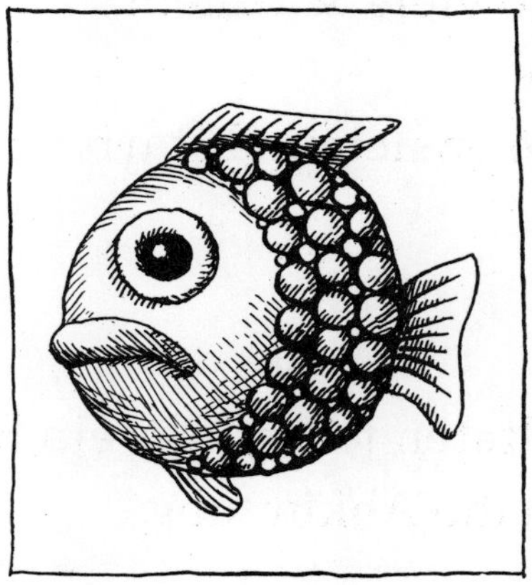

Meckerziege Ohrenbär Bücherwurm Mondkalb Strumpfmaus
Rollmops Kicherwurm Murmelfisch Rennschnecke Zauberdrache
Waschbär Nudelpferd Seekuh Holzwurm Heupferd Brieftaube
Schneegans Fleischwolf Löwenzahn Angsthase Schaukelpferd
Naschkatze Wetterfrosch Muskelkater Tintenfisch Goldhamster
Schmutzfink Meerschwein Siebenschläfer Zaunkönig Tanzbär

Kurze Lebensgeschichten einiger Bewohner

Der Murmelfisch hatte so viele Murmeln,
daß er sich nur murmelte.
Eines Tages vermurmelte er sich und starb.

Anja, 8 Jahre

Die Schnecken veranstalteten jedes Jahr ein Rennen.
Die Rennschnecke nahm die Abkürzung.
Da war sie Sieger.

Nicole, 8 Jahre

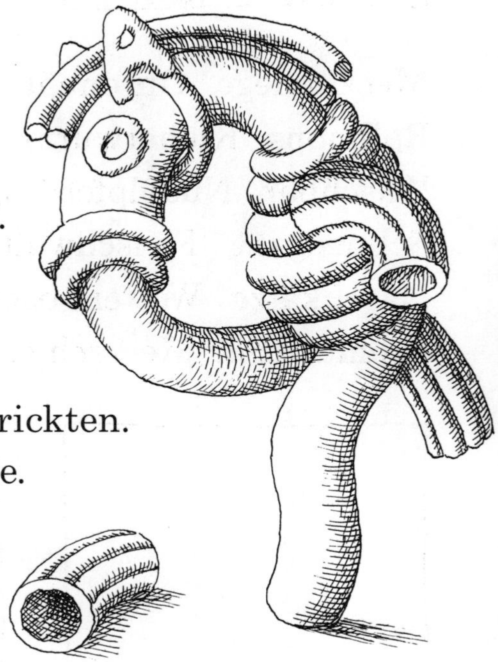

Eines Tages aß sich das Nudelpferd selbst auf.

Katharina, 9 Jahre

Es waren einmal zwei Riesen, die sehr gern strickten.
Eines Tages fielen die Wollknäuel auf die Erde.
So entstanden die Schafe.

Elmo, 12 Jahre

Denke dir auch kurze Lebensgeschichten aus:

Die kleinsten Geschichten passen in eine Streichholzschachtel hinein. Du brauchst dafür:

Punkt  Quadrat 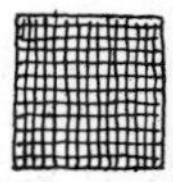 Rechteck 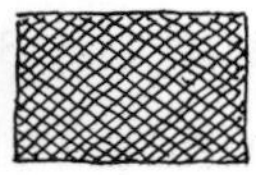

Aus ihnen kann so vieles entstehen:

So könnten

Flohgeschichten in der Streichholzschachtel heißen:

Wie der Floh König wurde
Die Flohhochzeit
Vom kleinen und vom großen Floh
Flohberufe
Modenschau der Flöhe
Flöhe auf Weltreise

Kennst du den kleinen Häwelmann?
Er ist mit seinem Kinderbett bis auf den Mond gereist.
Wenn du auf so eine Reise Lust hast, brauchst du nur die Augen fest zuzukneifen und nach innen zu sehen. Schon geht es los…

Steige in den Fahrstuhl und fahre immer weiter:
Über die Häuserdächer hinaus, bis zum Wolkenrand hoch.
Und noch weiter. Wie heißt das Land über den Wolken?

Im Briefkasten steckt ein Brief mit einer fremden Marke.
Auf dem Absender steht etwas in Notenschrift. Im Brief ist Musik.
Du kannst dir selbst ein Instrument bauen und damit Musik machen, um ins Trommeldorf zu gelangen!

Auf dem Balkon gegenüber steht ein Pferd

In der Badewanne von meiner Freundin Katrin lag am Sonntagmorgen ein echtes Krokodil und biß von der Seife ab

Unter Papas Bett schnarcht ein Pinguin. Wie ist er bloß da hingekommen?

Eine sonderbare Geschichte

Ich wollte meinem Goldfisch das Krähen beibringen.
Nun probierte ich es schon das 109. Mal an diesem Tag.
Aber mein Goldfisch krähte nicht. Ich lockte ihn mit viel Futter und dachte: Nun sag ich noch einmal „Kikeriki“, und dann wird er ganz bestimmt krähen.
Aber nichts geschah. Er fraß nur das Futter auf, steckte sein Maul aus dem Wasser und schnappte nach Luft.
Doch auf einmal sagte er: „Hallo“. Mir stiegen die Haare zu Berge.
Ich wartete. Schließlich kam mein Goldfisch noch mal aus dem Wasser und krähte. Dann legte er drei Hühnereier.
Ich wurde rot im Gesicht, schaute nochmals ins Aquarium und dachte: Morgen bringe ich meinem Goldfisch das Autofahren bei.

Marcel, 10 Jahre

Meine Geschichte:

Und jetzt laß die Augen auf und geh dort auf Entdeckungsreise, wo du wohnst. Nimm ein Notizbuch und einen Zeichenstift mit und, wenn du hast, einen Fotoapparat.

Du kannst einen eigenen Reiseführer schreiben und zeichnen.

Achte auf besondere Zeichen:
Schriftzeichen, die du auf der Straße entdeckst, zum Beispiel alte Firmenschilder, Türschilder, Ladeninschriften, Straßennamen, Reste von Plakaten, Graffiti (das sind handschriftliche Zeichen an Mauern und Häuserwänden).

Beschreibe, wo man in einer Großstadt Pflanzen findet.

____

____

____

____

____

____

____

____

Suche im Wald oder Park besonders geformte Wurzeln, Äste und alte Bäume, die dich an etwas erinnern. Zum Beispiel an den Kopf eines Riesen oder an ein seltsames Tier.

Suche nach Spuren von Menschen und Tieren. Es können Abdrücke ihrer Füße sein, aber auch Dinge, die sie weggeworfen oder vergessen haben und an denen man sie noch erkennen kann.

Zeichne eine Karte deiner Lieblingswege:
zu deinen Freunden oder zu den Plätzen, wo du gern spielst.
Woran kommst du auf dem Weg dorthin vorbei?
Wo machst du gern Pause? Wo riecht es besonders gut?

Reisebilder – Bilderreise

1

2

Bilderreise – Reisebilder

3

4

Der kleine Hund verreist

Das Gedicht „Die sieben Sachen“ von Samuil Marschak beginnt so:

Zur Gepäckabnahme
brachte eine Dame
ein Bild,
einen Koffer,
einen Korb
und ein Sofa,
eine Tasche, kariert und bunt,
eine Schachtel, lackiert und rund
und
einen ganz, ganz kleinen Hund.

Die Dame bekommt vier grüne Gepäckscheine,
die Sachen werden zum Zug gebracht und die Fahrt geht los.
Aber als der Zug aus der Halle fährt, reißt das kleine Hündchen aus.
Die Eisenbahner bemerken es, blicken sich erschrocken um
und entdecken einen riesigen Köter. Sie schnappen ihn
und packen ihn zu dem übrigen Gepäck der Dame.

Als die Fahrt zu Ende ist, steigt die Dame aus und
will ihr Gepäck zurück:

das Bild und den Koffer,
den Korb und das Sofa,
die Tasche, kariert und bunt,
die Schachtel, lackiert und rund
und den ganz, ganz kleinen Hund.

Der kleine Hund ist nicht da. Statt dessen der riesengroße Köter!
Die Dame schreit los: „Gebt mir sofort meinen kleinen Hund!“
Da sagen die Eisenbahner:

... mitunter
kann es auf Reisen so kommen:
Ihr Hundchen
hat einfach zugenommen.

Diese verrückte Geschichte könnt ihr auch spielen.
Und ihr könnt Fortsetzungsgeschichten schreiben.

Wo der kleine Hund geblieben sein könnte

Tieralphabet

Der Affe turnt mit der Giraffe.
Der Bär will nicht mehr.
Die Chinchilla will nach Sevilla.
Der Dachs kleckert rum mit Wachs.
Der Esel ______________________________
Der Floh ______________________________
Die Gans ruft ihren Bruder Hans.
Der Hase ______________________________
Der Igel ______________________________
Der Jagdhund ______________________________
Das Känguruh sucht seinen Stöckelschuh.
Die Landschildkröte spielt auf der Flöte.
Die Maus ______________________________
Das Nashorn ______________________________
Der Ochse ruft: Ich boxe!
Der Panther ______________________________
Die Qualle ______________________________
Das Rhinozeros ______________________________
Die Sardine klettert an der Gardine.
Der Tintenfisch ______________________________
Die Unke ______________________________
Der Vogel ______________________________
Der Wal schaut ins Tal.
X und Y sind blinde Passagiere.
Das Zebra übt Algebra.

Auf der Reise geschrieben:

Briefe, Briefumschlag

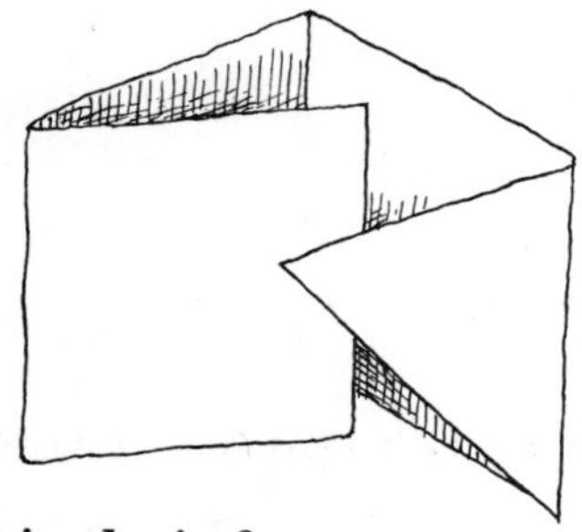

Reisebriefe
als Wickelgeschichte

Reisetagebuch

Bilderbuch
mit Reisegeschichten

Postkarte

Reiseführer

Fahrplan

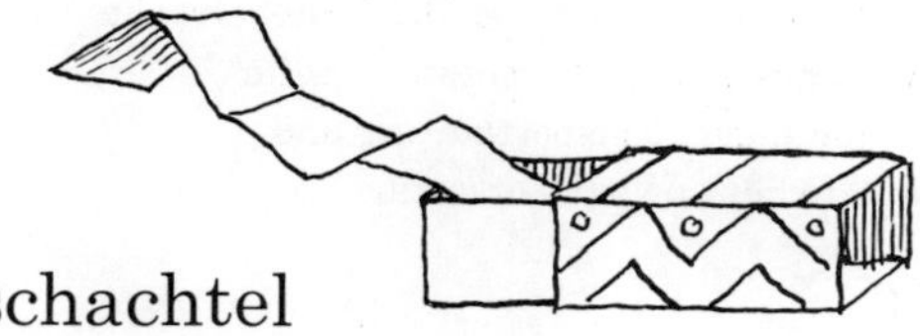

Geschichte
in der Streichholzschachtel

Leporello

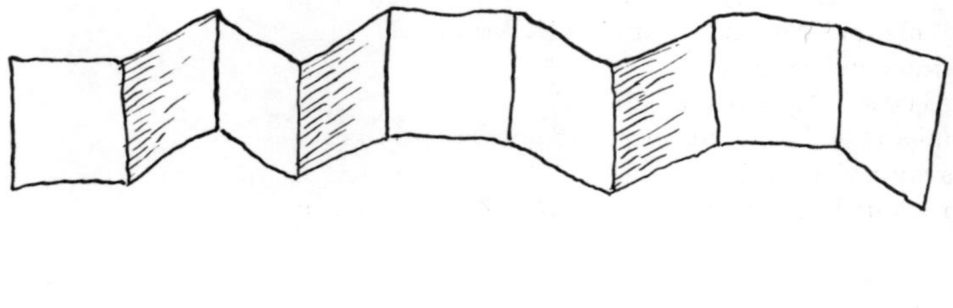

Inhalt

Quellenverzeichnis:
Marschak, S.: Die sieben Sachen. Aus: Poesiealbum 121.
Verlag Neues Leben, Berlin 1977.

ISBN 3 – 06 – 100392 – 4

1. Auflage
5 4 3 2 1 / 97 96 95 94 93
Alle Drucke dieser Auflage sind unverändert und im Unterricht parallel nutzbar.
Die letzte Zahl bedeutet das Jahr dieses Druckes.

Printed in Germany
Redaktion: Martina Scrock
Einband und Illustrationen: Erdmut Oelschlaeger
Layout: Marion Röhr
Druck und Binden: DBC Druckhaus Berlin-Centrum